AF410891

E. DE MONTLAUR.

GIACOMO LEOPARDI.

Moulins,

IMPRIMERIE DE P.-A. DESROSIERS.

1846.

GIACOMO LEOPARDI.

———

Il y a peu de temps, M. Sainte-Beuve, parlant de Leopardi, nous faisait l'honneur de nous citer comme ayant rapporté en France un écho de cette jeune et pure gloire italienne, dont le bruit s'était jusqu'alors arrêté aux pieds des montagnes. Maintenant que la renommée du poète a grandi là bas ; que ses œuvres, recueillies avec piété, avec amour, ont été publiées définitivement par des amis qui lisaient dans cette belle ame, il est temps, il nous semble, de revenir avec détails et longuement sur cette existence si laborieuse et si brusquement hélas ! tranchée par la mort. Depuis le travail publié par le fin et délicat écrivain des *Portraits littéraires*, tout un volume d'écrits remarquables de Leopardi, dispersés çà et là dans plusieurs mains, a été donné au public, toujours avide de connaître à fond ce qu'il s'est pris à aimer. Il est donc possible, aujourd'hui, de se faire une idée de ce génie qu'on vient de saluer au moment où il nous était ravi pour toujours.

Il y a lieu de s'étonner et de se plaindre tout à la fois, quand on aime la littérature italienne, du peu de retentissement que produisent parmi nous les travaux des écrivains modernes de l'Italie. Pendant que l'Allemagne et l'Angleterre sont étudiées avec soin; que les publicistes, les romanciers, les penseurs, les hommes d'Etat de l'un et de l'autre pays sont traduits et appréciés attentivement, l'Italie est laissée de côté, et c'est à peine si quelques noms de poètes, dont on n'a pas ouvert le livre, sont arrivés jusqu'à nous. D'où cela vient-il ? d où naissent cette indifférence et ce singulier dédain ? — Assurément, quoique la littérature d'au-delà des monts ait perdu beaucoup de sa hardiesse, de son originalité et de sa grandeur, les œuvres de Parini de Niccolini et d'autres encore, valent bien qu'on se prononce sur elles autrement que par ouï dire. Elles ont même ce mérite à nos yeux que, terminées lentement et en silence, loin de toute agitation fébrile, elles n'ont pas ce caractère d'improvisation et d'ébauche qui est le cachet trop marqué de la plupart des nôtres. La division en un grand nombre d'Etats séparés par les intérêts, les mœurs et les habitudes, le manque de lien entre des hommes qui se servent pourtant de la même langue, ces barrières insurmontables qui parquent les intelligences et les laissent à peine communiquer entre elles, voilà ce qui ôte à la littérature italienne sa puissance et son action. De l'unité naît la force. Aussi, que trouvons-nous ? Quelques travaux pleins d'originalité et de mérite çà et là, mais point d'ensemble, point de bannière éclatante sous laquelle on puisse se ranger. Les écoles sont fermées, et chacun suit au hasard les inspirations souvent trompeuses de sa fantaisie. De là un spectacle de désorganisation, et l'impossibilité où l'on se trouve au-dehors de porter un jugement complet sur l'état de la littérature en Italie ; de là, enfin, notre peu de familiarité avec les poètes contemporains. Il faut avoir vécu à Bologne, à Florence, à Milan ou à Naples, avoir couru un peu en aventurier littéraire de ville en ville, pour en arriver à suivre le filon précieux et à découvrir les sévères et nobles tentatives.

Et ce n'est pas seulement à l'étranger que les noms de poètes arrivent difficilement ; en Italie même, à cause des morcellements du territoire, à cause aussi de cette lassitude qui semble peser sur tous les esprits, les réputations sont bien lentes à se faire : elles grandissent peu à peu, mais avec une peine infinie. Ici, les réputations s'établissent facilement, on est illustre pendant vingt-quatre heures ; les gloires de l'an dernier sont bien ternes, et il y en a d'autres toutes prêtes qu'on achève de dorer dans quelque atelier clandestin. Là bas, au contraire, les choses ne se passent pas ainsi ; la tâche est plus rude pour l'écrivain, et les vrais génies triomphent seuls de ces examens successifs, de ces sortes de visites de douanes qu'il faut subir. Mais une fois acceptés, le jugement prononcé sur eux est définitif, et les voilà rangés dans ce petit nombre d'hommes dont les œuvres figurent dans toutes les mains et qu'on lit partout.

La gloire qui rayonne aujourd'hui autour du nom de Leopardi s'est faite avec lenteur ; elle n'est que d'hier dans tout son éclat. Il y a six ans, nous traversions l'Italie ;

à peine avait-on entendu parler de Leopardi, et nos questions sur lui restaient presque toujours sans réponse. A Recanati, bourg sombre et triste (la patrie du poète), au milieu des Apennins, c'était surtout sa science et ses connaissances en linguistique qu'on exaltait. L'auteur des *Rimembranze* semblait bien monotone, et on lui pardonnait difficilement ses accès de misanthropie et de désespoir, et son dédain de la vie. Mais un grand changement s'est opéré depuis un petit nombre d'années. A Florence, cet admirable sanctuaire de l'art et de la poésie, nous avons entendu, il y a quelques mois, louer Leopardi par tous, et comme poète, et comme penseur, et comme savant. A Naples, sur la route de Pausilippe, dans la petite église de San-Vitale, au-dessous de ce jardin embaumé où dort Virgile, nous avons vu de jeunes écrivains s'agenouiller devant la modeste tombe où la main d'un ami bien cher, Antonio Ranieri, a gravé quelques lignes, et le triple emblème de l'éternité, de l'ame qui s'envole, du travail nocturne et silencieux.

Giacomo Leopardi est né dans la marche d'Ancône, à Recanati, le 29 juin 1798 ; c'est à dire au milieu du bouleversement de l'Italie, au plus fort de ces grandes luttes du dernier siècle, qui la remuaient et la transformaient. Son jeune front, comme celui d'Ugo Foscolo a été rafraîchi par ces douces brises de l'Adriatique, qui portent jusque là les parfums recueillis en passant sur les îles de la Grèce. Il avait à peine cinq ans, lorsque l'ardent Alfieri mourait à Florence, las de la vie et épuisé de son rude labeur. Il appartenait à une famille ancienne et honorable. Son père, le comte Monaldo Leopardi, avait épousé la fille d'un homme qui occupait comme lui un rang élevé dans le pays. Deux prêtres, Guiseppe Torres et Sebastiano Sacchini, furent choisis pour diriger jusqu'à l'âge de quatorze ans cette jeune intelligence, qui devait arriver par le pénible sentier de la douleur, au doute, peut-être à l'incrédulité. Ses premières études achevées, Giacomo Leopardi, avec cette merveilleuse facilité, si largement développée chez lui, apprit seul, non seulement le français, l'anglais et la plupart des langues vivantes, mais encore la langue hébraïque. On se souvient à Ancône de l'avoir entendu discuter avec des Arméniens, au grand étonnement des savants de l'endroit. Quant à la langue grecque, il en possédait toutes les délicatesses, et l'on verra plus tard comme il savait rendre la grace exquise de ses poètes, tels que Bion et Moschus. Les parfums de l'Hymète lui sont connus, et les abeilles du mont sacré ont bourdonné autour de son berceau, comme autour de celui du poète ancien. La richesse des dons naturels est remarquable en Leopardi. Interprète éclairé des travaux des écrivains qui nous ont précédés, habile à sonder les mystères de la nature et de la vie, Leopardi est tout à la fois savant distingué, poète pur et sévère, philosophe éminent. Trois faces sous lesquelles son talent doit être envisagé.

Presque inconnu en Italie, où son talent a conquis enfin une gloire méritée, il faisait, bien jeune encore, autorité auprès des illustres étrangers que la science et l'antiquité préoccupent, Akerblad, Niebhur et Creuzer. D'autres aussi lui demandaient ailleurs de lui dédier leurs recherches consciencieuses. Rompu au mécanisme des langues anciennes, il semblait s'être identifié avec les poètes d'une civilisation antérieure à la nôtre. Les sa-

vants allemands avaient regardé comme réellement antiques un hymne à *Neptune*, et deux odes grecques, l'une
à l'*Amour* et l'autre à *la Lune*, qu'il avait composés au
sortir de l'enfance. Ces trois morceaux de poésie étaient
précédés d'une introduction et suivis de notes très ex-
plicites et très complètes, où chaque mot, chaque phrase
étaient analysés. Dans la courte préface qu'il écrivit à
cette occasion, Leopardi disait : — « Simonide et Milon
ont écrit des hymnes à Neptune ; mais l'auteur de celui-
ci me semble si bien instruit des choses des Athéniens,
que je le crois d'Athènes, ou tout au moins de l'Attique. »
Leopardi vivait avec les habitants de la vieille Grèce ; il
connaissait leurs secrètes allures. L'aimable superche-
rie réussit, et tout en applaudissant, peut-être lui en
voulut-on un peu secrètement, d'avoir si bien atteint le
but proposé. « Ces deux odes anacréontiques, dit M. Pel-
« legrini dans le tout récent travail qu'il a consacré au
« poète italien, étaient données comme ayant été décou-
« vertes dans le même volume ancien où l'on avait déjà
« trouvé l'hymne à Neptune ; et vraiment ces trois mor-
« ceaux sortaient de la même source inépuisable et
« pure, c'est à dire du génie et de la science de Leo-
« pardi. »

Un semblable travail étonne. Depuis la première jeunesse jusqu'à l'âge mûr, Leopardi a accompli son œuvre
sans relache, et avec une sorte de passion fiévreuse. A
l'âge où l'on n'a pas encore une idée sérieuse, il donnait
un commentaire sur la vie de Plotin, par Porphyre, qui
servait à Creuzer pour l'édition qu'il préparait alors. Une
note écrite de la main du père de Leopardi, en tête du
manuscrit possédé par M. de Sinner, constate que c'est

à l'âge de seize ans (31 août 1814), que ce travail avait
été terminé. En 1817, il publiait dans le *Spectateur* de
Milan, un discours plein de remarques ingénieuses sur
la *Batrachomyomachie*; deux ans auparavant, il l'avait
traduite en vers. Dans l'intervalle, entre l'article du *Spectateur* et la poétique traduction, il insérait dans le même
recueil (1816), un essai de traduction du premier livre
de l'*Odyssée*, promettant de s'occuper du poème tout
entier, si cet essai obtenait l'approbation des connaisseurs
en fine littérature. D'autres études vinrent le distraire de
cette demi-promesse. C'est à la même époque (1817),
qu'il faut placer aussi une étude sur le combat des Titans,
par Hésiode, et la traduction du second livre de l'Enéide.
Dans l'avertissement au lecteur qui précède ce travail,
il disait : « — Sans être un poète, on ne peut traduire
« un vrai poète, et Virgile moins que tout autre, et moins
« que tout autre ouvrage, ce second livre *tout chaud* du
« commencement à la fin. » Leopardi, on le voit, ne se
dissimulait pas les difficultés de l'entreprise. Une recher-
che très curieuse sur la renommée d'Horace parmi les
anciens, et qui montre avec quelle sagacité Leopardi
abordait les plus délicates questions littéraires, parut
encore dans le *Spectateur* à la même époque. Pendant
que des théories nouvelles s'y développaient avec tant
d'éclat, Leopardi, qui allait bientôt jeter un cri éloquent
de tristesse et de douleur, soutenait les novateurs par
ses connaissances profondes et variées, et attirait, précieux auxiliaire, sur ses tentatives, toute l'attention du
monde savant. Infatigable dans ses études, Leopardi
traduisait, toujours dans cette même année, la *Torta*,
en l'accompagnant de quelques notes curieuses, où il

établit, d'après Scaliger et d'autres commentateurs, que ce petit poème (le *Moretum*), ne peut être attribué à Virgile, mais bien plutôt à Septimus Serenus ou Severus, poète du temps de Vespasien.

Le *Moretum*, à en croire un écrit de la bibliothèque Ambroisienne, serait d'un auteur grec. On trouve, en effet, dans ce livre, ces quelques mots écrits en marge : « Parthénius de Nicée a écrit le *Moretum* en grec, et « Virgile l'a imité. » Questions sur lesquelles les documents manquent, et que Leopardi était plus apte à résoudre que tout autre.

Les annotations sur l'*Eusèbe* sont de l'année suivante. Les docteurs Angelo Maï et Giovanni Zohrab venaient de publier une édition de l'évêque de Césarée et apprécièrent toute l'importance de ce travail. M. de Sinner, à la lecture de l'*Essai sur les erreurs populaires des Anciens*, avait écrit, lui aussi, que c'était un morceau d'une érudition merveilleuse. (*Opera che nostra maravigliosa lettura ed erudizione.*)

M. Pariset, qui a publié un article un peu sévère sur Leopardi, lui reproche d'avoir été injuste envers la publication de l'*Eusèbe* que faisait alors Aucher à Venise. Il l'accuse de n'avoir pas tout dit, d'avoir critiqué superficiellement. C'est à tort. Leopardi déclare dans ses notes n'avoir pas connu l'édition que le père Aucher venait de faire paraître. S'il trouve que le savant Arménien de l'île Saint-Lazare a corrigé un bien petit nombre de fautes du texte grec, il le loue dignement, lorsqu'en parlant du *Philon*, que le même père avait publié, il ajoute : « Le très célèbre père vient, aux yeux des savants d'Eu- « rope, de joindre un nouveau titre de gloire à ceux que

« lui a valu sa belle édition de la *Chronique d'Eusèbe*. »
Il n'y a donc pas injustice et parti pris de déprécier un
important travail. C'est un juge compétent qui parle.

Laissant de côté quelques pages sur trois morceaux
inédits de Philon, publiés comme ses notes sur l'*Eusèbe*,
dans les *Ephémérides littéraires de Rome*, en 1822; sur
la ville et sur l'église archiépiscopale de Damiette, opus-
cule très rare, imprimé à Lorette; enfin une traduction
élégante de la satire de Simonide *Sur les femmes*, impri-
mée à Bologne en 1823 (et si l'on voulait tout dire, avec
Leopardi, on n'en aurait jamais fini), nous ne citerons
plus, parmi les travaux philologiques de Leopardi, que
l'Etude sur Moschus, l'essai en style *trécentiste* et les
notes de Pétrarque.

Jamais, peut-être, essai plus exact n'a été écrit sur
l'aimable poète grec, trop peu connu, et dont Théocrite
semble avoir pris pour lui toute la renommée. Il fut publié dans le *Spectateur* de Milan (1816-17). Leopardi
s'élève d'abord contre cette confusion qu'on a voulu établir
entre les deux poètes, et prouve, en s'appuyant de Stobée
et de Suidas, que ce sont bien deux personnages distincts,
compatriotes, il est vrai, et tous deux de Syracuse. Ce
point établi, et après avoir marqué le peu de notions qui
nous restent sur le poète bucolique, il reprend avec plus
de détails chacune des Idylles, et restitue à Bion ce qui
lui appartient. La traduction des Idylles, élégante et
vive, suivit. C'était une première tentative, et il ne faut
pas s'étonner si quelque mollesse s'y fait remarquer. Le
vers de Leopardi plus tard sera énergique et fier. On pouvait cependant déjà reconnaître à de sûrs indices, le goût

pur de celui qui avait respiré les fleurs les plus odorantes
de l'antiquité.

Leopardi, on le comprend, ne pouvait manquer d'abor-
der les littératures modernes. Après avoir trompé les
savants par son *Ode à Neptune,* il se permit encore une
raillerie de ce genre, en publiant, en vieil italien, une
certaine chronique orientale sur le martyre des saints-
pères du mont Sinaï. La traduction devait avoir été écrite
par quelque moine, dans le courant du XIVe siècle, et
venait d'être, assurait-on, retrouvée. Le titre le disait ex-
pressément : *Volgarizzamento fatto nel buon secolo della
nostra lingua, non mai stampato.* On s'y laissa prendre
en Italie; l'illusion était complète.

Pétrarque l'occupa aussi. Foscolo, à Londres, dans son
brumeux exil, ajoutait quelques notes aux sonnets du
noble poëte. Il écrivit une préface pour une édition qui
s'imprimait à Milan en 1826. Il se raille très spirituelle-
ment de l'ignorance de la plupart des lecteurs, et s'offre
comme un guide à tous ceux qui désirent lire Pétrarque.

« Les femmes et les étrangers, dit-il, veulent connaître
« l'aimable écrivain, difficile à bien entendre, même
« pour les personnes instruites et versées dans la lecture
« des classiques italiens. Puisque les femmes et les étran-
« gers veulent lire Pétrarque, il me semble qu'il ne serait
« pas mal qu'ils l'entendissent. Or, je sais de source
« certaine qu'ils ne l'entendent pas. Les littérateurs ita-
« liens ne peuvent comprendre sans commentaire, et les
« commentaires qui existent sont, ou presque toujours
« plus obscurs que le texte, par conséquent inutiles pour
« tous, ou très longs, et par conséquent inutiles pour
« ceux qui trouvent fort peu nécessaire de passer une

« heure autour d'un sonnet. » Le morceau continue sur
le même ton ; la moquerie est fine et mordante. Il y revint encore plus tard, réfutant avec esprit quelques-unes
des critiques qui avaient été faites sur son travail.

Pendant qu'il publiait la plupart des études citées plus
haut, à l'exception cependant de quelques-unes qui
datent de son séjour à Rome, Leopardi, au milieu de sa
famille, comme un laborieux ouvrier que rien ne distrait
de sa tâche, n'avait pas encore quitté Recanati, où nous
l'avons vu étonner chacun par sa science précoce. Attaqué
d'un mal incurable qui, tout à coup, avait changé sa cons-
titution d'abord vigoureuse ; obéissant aux conseils des
médecins qui craignaient pour lui la solitude de Recanati,
ce petit bourg aux rues escarpées, et la froide température
des Apennins, il partit pour chercher, comme remède à ses
douleurs, un climat plus chaud, et prit la route de Rome.
Jusqu'à ce jour il avait regardé la nature comme une
bonne mère ; il commençait à sentir sa haine. En no-
vembre 1822, le cœur plein de brûlantes émotions, il
entre à Rome, dans cette ville où il va retrouver les restes
antiques dont ses livres aimés lui ont tant de fois parlé.

Après avoir couru la ville et ses alentours, et interrogé
les ruines, il se confina bientôt, comme cela devait être,
dans les vastes bibliothèques romaines. La bibliothèque
Barberine le vit tous les jours, et il entreprit, tâche ef-
frayante, le catalogue des manuscrits grecs qu'elle con-
tient. Un travail assidu était son seul bonheur ; il oubliait. C'est à Rome qu'il connut Niebhur, et que Walz,
après l'avoir entendu, disait de lui qu'il était le premier
écrivain de l'Italie : *Vir in his litteris inter Italos facile
princeps.* Il séjourna environ six mois dans la ville éter-

nelle, s'imprégnant du souvenir des grandeurs passées.
Ses rêves y avaient pris un corps ; l'antiquité s'était
dressée toute vivante devant lui. Il emporta dans sa tête
et dans son cœur toute une moisson d'idées.

Vers la fin de mai 1823, il reprit le chemin de sa solitude. Il y revint douloureusement atteint. Il comprit
que sa vie ne serait plus qu'une lutte sans trève contre
la douleur, et que ces désirs, ces folles espérances, qui
lui avaient rempli le cœur tout enfant, s'étaient éva-
nouis. La maladie le minait sourdement, et il s'efforçait
de porter sa pensée ailleurs. Deux années s'écoulèrent
pour lui dans le silence et dans ces lugubres appréhen-
sions que sa jeunesse et sa force d'ame lui faisaient supporter. En 1825, il se dirigea vers la Lombardie ; il tra-
versa Bologne et se rendit à Milan , où il était appelé et
attendu. Chassé par l'hiver qui s'avançait, il ne tarda
pas à revenir à Bologne, cette ville si pleine de vie et de
mouvement, où la musique et la poésie, ces deux sœurs
immortelles sont reines. Il y fit imprimer ses poèmes ,
et resta là occupé de ces soins si doux qui attachent un
auteur à son livre , jusqu'à l'hiver de 1826. Pendant ce
temps , on publiait à Milan ses dialogues , et la plupart
de ses œuvres en prose.

Le mal avançait toujours. Leopardi revint plus sombre,
encore cette fois, au milieu de sa famille, qu'il quitta de
nouveau au printemps, pour Bologne, et pour ce nid de
fleurs qu'on aperçoit aux pieds des Apennins , quand on
a franchi leur crête blanche , pour Florence. Ce fut là ,
il l'a dit, qu'il éprouva un des premiers et des plus vifs
bonheurs de sa vie. Cette langue si harmonieuse , ces
monuments d'une époque si riche en grands artistes , ce

climat si pur, ces mœurs vives et douces, tout cela devait jeter comme un baume sur son cœur souffrant et lui donner un nouvel espoir. Le nom de la Toscane était toujours sur ses lèvres. Quelques années après, au seuil de la tombe, sur une terre plus douce encore et qui rappelle la Grèce dont elle semble détachée, à Naples, il prononçait ce nom comme un cher souvenir ; et c'est à ses amis de là bas, — *Suoi amici di Toscana*, — qu'il a dédié ses poésies, par une des plus belles lettres qu'il ait écrites.

Obligé de quitter la Toscane pour revenir auprès de ses parents, il passa à Recanati le dur hiver de 1829. Le soulagement momentané qu'il avait éprouvé fut perdu. Toute guérison était devenue impossible à tenter. Les os étaient attaqués, une affreuse maigreur creusait les joues du malade, et son sang se décomposait insensiblement. Leopardi, vieilli en quelques années, comme si le travail exagéré de l'intelligence eût tué les forces du corps arrêtées dans leur développement, marchait rapidement vers la mort. On peut se faire une idée de ses funèbres pensées, au milieu de cette recrudescence de la maladie, et pendant cet hiver terrible, par la pièce qu'il écrivit, et qui porte l'empreinte d'un si violent désespoir. On peut y suivre, vers par vers, l'état de son âme, et l'on voit, hélas ! avec quelle ardeur, lui si plein d'espérances, il désirait le souverain repos. Le poème est intitulé : *Le Ricordanze* ; nous traduisons :

« Etoiles errantes, je ne croyais pas revenir vous contempler encore, jetant vos scintillantes lueurs sur le jardin de mon père, et causer avec vous, des fenêtres de cette maison, où j'ai habité enfant, et où j'ai vu la fin

de mon bonheur. Que de pensées et que de folles rêve-
ries votre vue éveille en moi ! alors que silencieux, assis
sur un tertre vert, je passais une grande partie de mes
soirées à regarder le ciel, à écouter le chant de la gre-
nouille cachée dans la campagne. Tout me revient : et
le ver luisant qui se traînait le long des haies, et les allées
embaumées, et les cyprès, et dans la maison paternelle
des voix tour-à-tour s'appelant dans l'ombre, et le travail
tranquille des serviteurs. Oh ! quelles pensées infinies,
quels beaux songes fait naître dans mon esprit la vue de
cette lointaine mer, de ces montagnes azurées que d'ici
on découvre, et que je méditais de traverser un jour.
Secrets du monde, qui sembliez enfermer pour ma jeune
vie un bonheur caché ! Ignorant de ma destinée, combien de fois j'aurais volontiers changé avec la mort cette
vie douloureuse ! Mon cœur me disait que ma jeunesse
était condamnée à s'user dans le bourg solitaire et sau-
vage, au milieu d'hommes rudes, pour qui les noms
étrangers, l'éducation et le savoir sont des motifs de
sarcasme et de railleries; dans une société qui me haïssait
et me fuyait, non par envie, ne me regardant pas comme
au-dessus d'elle, mais parce qu'elle pensait que je m'es-
timais tel en mon cœur.... »

« La voix du vent qui m'apporte le son de l'heure
tintant à la tour de la petite ville, me rappelle que, la
nuit, dans ma chambre étroite et noire, assiégé de continuelles terreurs, je veillais, attendant le jour avec impa-
tience. Il n'est pas une chose ici qui ne me renvoie une
image d'où il ne sorte pour moi un tendre souvenir. Mais
avec la douleur se glisse la pensée du présent, un vague
désir du passé, si triste cependant, et ce mot : *J'ai été !*

« O espérances ! espérances ! douces erreurs de mon premier âge , toujours en parlant du passé je retourne vers vous ! en vain je change d'affections et de pensées, je ne sais vous oublier. Hélas ! mes années sont vides , la fortune m'a peu enlevé , je le vois. Ma vie est si sombre, que la pensée d'une mort prochaine augmente aujourd'hui mon espérance. Mon cœur se serre. Je comprends l'impossibilité de me consoler de ma destinée ! Quand cette mort invoquée sera près de moi , quand le terme sera arrivé , quand la terre sera pour moi comme une vallée étrangère, je songerai encore à vous, ô mes espérances !.... »

En terminant , le poète invoque le souvenir d'un ancien amour, rayon de soleil perdu dans la nuit qui l'enveloppe.

« —O Nérine, s'écrie-t-il, tu n'es plus là; cette fenètre d'où tu me parlais , et d'où je voyais resplendir le triste rayon des étoiles , est aujourd'hui déserte. Où donc es-tu , que je ne puisse plus entendre ta voix ? — Autre temps. Tes jours se sont écoulés , mon doux amour. Tu as passé. A d'autres de nous remplacer sur cette terre et d'habiter ces odorantes collines. Mais tu a passé bien rapidement !—Ta vie fut vraiment un songe. Ah ! Nérine dans mon cœur vit encore l'ancien amour. Tu as passé , et le souvenir amer est resté , inséparable de tous mes tendres sentiments, de tous les mouvements chers et tristes de mon cœur. »

Jamais plus déchirants et plus profonds cris d'angoisse ne sont sortis d'une poitrine de poète. Retour désolé, vers un heureux passé !

Après ce rude hiver qui avait avancé son heure, Leopardi songea à retourner vers ses amis de Toscane. Cette petite société de Florence si affectueuse, composée de Niccolini, de Frulani, du marquis Gino Capponi, à qui il dédia sa belle pièce intitulée : *Palinodie*, l'attendait et le pressait instamment de revenir. Des embarras domestiques, occasionnés, on doit le conjecturer, par un changement survenu dans ses opinions, dont nous aurons lieu de dire quelques mots, lui rendaient pénible le séjour de la demeure paternelle, malgré l'affection d'un frère et d'une sœur (la *Sorella Paolina*, dont le mariage lui inspira de si aimables vers,) qu'il ne devait plus revoir.

Puissance de la jeunesse et de la volonté ! Aux premières douces brises du printemps, Leopardi s'envola vers Florence. Il lui semblait que la vie allait descendre encore dans son corps épuisé, et faire circuler un sang nouveau dans ses veines. Après avoir appelé la mort comme une guérison, il recula épouvanté devant elle, et se reprit à espérer. Je ne sais rien d'éclatant comme le chant, — *Il Resorgimento*, — par lequel il salue le printemps, et comme l'ombre d'un bonheur entrevu. C'est le cri joyeux du réveil.

« Je croyais morts en moi, si jeune encore, s'écrie
« Leopardi, les naïfs sentiments du premier âge, tout ce
« qui touche l'âme, et fait qu'on est heureux d'être ému
« et de souffrir. Que de plaintes proférées, que de larmes
« versées, lorsque la première douleur trouva mon cœur
« glacé, lorsque vinrent à manquer les battements or-
« dinaires, lorsque l'amour cessa de me visiter et de
« m'arracher un soupir. Privé de toutes ces souffrances,
« je pleurai ; la terre me semblait aride, une glace éter-
« nelle la couvrait. Le jour était terne et voilé ; la nuit

« plus solitaire et plus noire. La lune ne me versait plus
« sa clarté, et les étoiles étaient éteintes dans le ciel.

« Pourtant, dans le fond de ma poitrine, mon cœur
« battait encore, et ma tristesse était une douleur. En-
« fin, cette dernière douleur cessa, et il ne me resta plus
« la force de me plaindre. J'étais là, n'implorant ni re-
« mède ni pitié. Oh ! comme j'étais différent de celui qui
« autrefois nourrissait dans son âme tant d'ardeur !
« L'hirondelle vigilante, battant les vitres de l'aile, m'é-
« tait indifférente ; rien ne me touchait plus. Ni à l'au-
« tomne, dans la villa solitaire, l'appel de la cloche du
« soir, ni le fugitif et pâle rayon. En vain le soleil cou-
« chant rougissait la rue silencieuse ; en vain le
« plaintif rossignol faisait résonner la vallée. Paupières
« tendres, regards furtifs, ô précieux et immortel amour !
« blanche main posée dans ma main ! rien ne pouvait
« secouer mon dur sommeil. Privé de toute douceur,
« mon état était calme et mon visage serein. J'aurais
« désiré le terme de ma vie, si le désir même n'eût été
« éteint dans mon sein fatigué.

« Qui m'a tiré de ce repos sans mémoire ? Quelle est
« cette force nouvelle que je sens en moi ? — Sensation
« délicieuse ! Heureux mensonges ! mon âme n'est donc
« pas fermée pour vous ? — Au ciel, aux verts rivages,
« partout où je regarde, tout me rend une douleur, tout
« me rend un plaisir (1). La plage, la forêt, la montagne,

(1) M. de Lamartine a dit de même dans l'une de ses *Méditations*,
Adieux à la mer, écrite en Italie, comme la pièce qu'on vient de lire :

> Chaque flot m'apporte une image,
> Chaque rocher de ton rivage
> Me fait souvenir ou rêver.

« la nature entière revivent en moi. Le murmure de la
« fontaine parle à ma pensée, les vagues de la mer im-
« mense s'entretiennent avec moi. »

. . . .

Une pâle traduction ne peut donner une idée du mouvement poétique, de la verve lyrique de ce morceau. Au
reste, toute traduction est impuissante à rendre l'origi-
nal. Un écrivain qui en traduit un autre ressemble trop
souvent à un homme qui verse un vin vieux du vase qui
le contenait dans un autre vase nettoyé avec soin pour
en faire boire à ses amis. Seulement ici, dans l'opéra-
tion, ce n'est pas la lie qui reste attachée au fond et aux
parois latérales du vase; l'arôme s'envole; on n'a plus
qu'une liqueur insipide et plus ou moins colorée.

En écrivant le *Resorgimento*, Leopardi n'exécutait pas,
comme on l'a dit, une variation brillante sur ce thème
banal développé dans tous les recueils de poésie. C'était
bien un réveil ou plutôt une résurrection du corps et de
l'âme. Leopardi, partant pour Florence, au mois d'avril
(1830), sortait bien réellement de son tombeau qui, hé-

Dans les *Ricordanze*, citées plus haut, Leopardi avait dit, retour-
nant la même pensée :

> — Qui non è cosa
> Ch'io vegga o senta, onde un immagin' dentro
> Non torni, e un dolce rimembrar non sorga.

On pourrait noter quelques points de ressemblance entre les *Cant:*
de Leopardi et les *Méditations*. L'accent toutefois est plus douloureux
chez le poète Italien. C'est un Lamartine désolé et qu'aucune pensée
consolante ne relève et soutient.

ias ! peu d'années après, devait se rouvrir pour lui et ne plus lâcher sa proie.

A Florence, Leopardi fut reçu comme un ancien ami, comme un grand poète qu'on avait lu avec enthousiasme et dont on était fier de serrer la main. Car, il faut le reconnaître, malgré la valeur incontestable de ses écrits en prose, de ses travaux philosophiques, de ses *operette morali*, c'est à la poésie qu'il avait déjà dû et qu'il devra dans l'avenir sa haute renommée.

C'est là son véritable titre. La muse de Leopardi est grave et austère. Elle est drapée dans sa tunique grecque, et porte sur son front cette mélancolie, fille des temps modernes, qui était inconnue aux anciens. C'est un poète du dix-neuvième siècle, traduisant les pensées, le malaise de son époque, dans le langage pur et irréprochable des écrivains d'une civilisation antérieure.

Leopardi avait déjà publié presque tous ses poèmes. Retouchés avec soin et à plusieurs reprises, ils commençaient à se répandre. La réputation de l'auteur grandissait. Il avait débuté, en 1817, par l'élégie qui commence ainsi :

Dove son? dove fui? che m'addolora?

L'année suivante, deux pièces où s'élevait avec éloquence la voix du citoyen qui parle de l'abaissement de sa patrie, et portant pour titre, l'une : *A l'Italie*, l'autre : *Sur le monument de Dante*, émurent les écrivains de la Péninsule. On se demanda avec étonnement quelle était cette voix harmonieuse qui captivait ainsi l'attention publique, et imposait silence même aux plus distraits.

L'une et l'autre de ces deux pièces, comme la célèbre *Canzone* de Pétrarque, comme le sonnet tant de fois cité de Filicaja, respiraient une passion profonde. On y sentait gronder sourdement la colère mal contenue du jeune homme, dans ces vers adressés à sa malheureuse patrie, trop cruellement frappée : — « O Italie, où sont tes fils ? J'entends au loin un bruit d'armes, de chars, de voix et d'instruments guerriers. Tes fils combattent chez les nations étrangères. Mais attends, Italie, attends en silence. » En parlant du père de la poésie chrétienne, du grand Gibelin, il semblait avoir retrouvé ce style foudroyant, cette puissance de haïr qui anime les strophes de la *Divine Comédie*. Il accusait hautement la France d'avoir livré l'Italie comme une proie, après l'avoir choisie pour champ de bataille, et l'avoir bercée de tant d'espérances. On croirait lire les imprécations de Dante : — « Je « me tais, s'écrie-t-il, sur les autres ennemis de mon « pays, sur les autres outrages qu'il a subis, mais j'écri- « rai ici ton nom, France scélérate et impie, qui es cause « que l'Italie a presque touché à sa dernière heure. »

Mais ces éclats furent de courte durée. Le poète, les yeux fixés sur le travail intellectuel qui s'accomplissait au dehors, avait senti s'émousser sa colère ; le cœur du citoyen avait pardonné en faveur de l'art. Il voulut effacer la pièce entière ; ses amis s'y refusèrent. Il se borna donc à passer un trait sur la ligne sanglante où était écrit le nom de la France, ajoutant que ces vers, si blessants pour un peuple dont il aimait le caractère vif et loyal (*in offesa degli stranieri*), avaient été écrits dans sa première jeunesse (*scritti in sua primissima gioventù*). Après 1830, il eut encore quelques cris contre la France qui, dans ses goûts si légers et si mobiles, et vivant d'une vie trop active, était peu propre à apprécier les solides travaux. Mais cette fois, ce n'est que dans le secret d'une correspondance particulière, et non ouvertement, qu'il laisse échapper les épithètes de *presuntuosissima et ciarlatanissima*. Ce n'est là évidemment qu'une irritation passagère, produite par quelque mécompte, par une légère blessure ; qu'un accès de mauvaise humeur contre quelques réputations usurpées. Il aurait volontiers choisi la France pour y mourir ; le sort ne le permit pas. Bien différent d'Alfieri, ce type si vrai du caractère italien, toujours prompt aux sentiments extrêmes, qui, après avoir commencé par l'amour, avait fini par une sorte de rage, Leopardi s'était adouci en avançant dans la vie. Bienveillant par nature, épris surtout de l'art, et vénérant ceux qui lui ont voué un culte, il en était arrivé, quelques fragments de correspondance en font foi, par apprécier le génie français. C'est qu'il s'était dit aussi qu'en fin de compte, si les rayons purs de la liberté avaient lui un temps sur l'Italie, si une régénération littéraire s'était fait sentir, c'était à l'action généreuse de la France qu'on les devait.

Leopardi d'ailleurs, ne revient que rarement et comme par hasard sur la situation de son pays. Le sujet qu'il traite avec une sorte de complaisance amère, c'est la souffrance de la vie humaine, la perte si dure des illusions. Réfugié dans sa pensée, ainsi qu'en un sanctuaire impénétrable, il semble même, lui qui aurait pu guider et enseigner en plusieurs occasions, n'avoir pris qu'une part indirecte au mouvement littéraire d'alors. L'Allemagne, sur qui on avait les yeux, avait donné la première secousse ; un ébranlement presque général s'en était suivi. On abordait le théâtre, on tentait les émotions sérieuses du roman. La poésie lyrique, abandonnant un thème usé et des formes vieillies, s'inspirait des idées nouvelles. On ne trouve dans les écrits de Leopardi que de bien faibles traces de ce mouvement. Il n'y a pas là dédain de sa part, qu'on le croie bien ; le caractère bienveillant qu'il montra pendant toute sa vie ne peut le faire supposer ; mais il se sentait peu attiré vers une poésie mystique et trop confuse. Bien qu'il ait pu dire plus tard que l'Allemagne était le vrai pays de l'art et des études sérieuses, il est permis de croire que les théories de Weimar ou d'Iéna l'ont trouvé quelquefois incrédule et mal disposé. Le génie des littératures méridionales diffère essentiellement du génie des littératures du Nord. Dans les unes, je ne sais quelle brume mystérieuse ; dans les autres, le soleil et l'éclat. Leopardi n'est pas fils de Klopstock, mais le descendant en ligne directe de Dante. C'est un Dante toujours insoumis, mais ne se prosternant plus, comme le premier, devant le triangle d'or, et ne cherchant plus Béatrix dans le ciel. Aussi a-t-on pu dire avec raison que Dante est l'astre éclatant qui a illuminé au matin le ciel, et que Leopardi est comme l'étoile du soir de la poésie italienne.

La décadence de l'Italie et l'abandon où les lettres y étaient tombées, lui firent éprouver une véritable douleur. Dans sa pièce *all'Italia*, dédiée à Monti, qu'il saluait comme l'une des plus brillantes intelligences de l'époque ; dans son ode adressée à un vainqueur au ballon, qui a le mouvement, au début, d'un des poèmes de Pindare, toujours le même regret sur l'abaissement de sa

patrie. « Tu verras peut-être le temps , dit le poète en
« s'adressant au jeune vainqueur, où les troupeaux
« insulteront aux ruines des édifices de l'Italie, où la
« charrue passera sur les sept collines. Peu de jours s'é-
« couleront avant que le prudent renard n'habite les ci-
« tés latines, avant que la sombre forêt ne murmure au
« milieu des hautes murailles. O noble enfant ! il te se-
« ra pénible de survivre à ta patrie. La saison est passée.
« Que nul ne s'honore aujourd'hui d'une telle mère. —
« Notre vie, que vaut-elle ? seulement qu'on la méprise.
« Bienheureux celui qui, entouré de périls, peut s'ou-
« blier , ne pas sentir l'injure, ne pas écouter le flot des
« heures lentes et terribles. Bienheureux celui qui, en-
« traîné par le fleuve rapide, rit et appelle la joie à son
« aide. »

Toujours, on le voit, la même idée se montre. C'est
un cercle merveilleux et magique dont il ne peut s'écar-
ter ; sa pensée l'y ramène sans cesse. Puis, l'ardeur tombe tout à coup ; une tristesse désespérée lui succède , et
le chant s'éteint comme la voix dans la poitrine d'un
mourant. C'est surtout dans la pièce intitulée : *Bruto
Minore*, que ce sombre désespoir se montre dans toute
sa force. En publiant ce morceau à Bologne, dans l'édition de 1824 , Leopardi le fit précéder d'une comparai-
son entre les sentiments de Brutus et de Théophraste,
tous deux au moment de mourir. L'un avait nié la vertu,
l'autre avait nié la gloire. Où donc est le prix de la vie ?
Où faut-il l'aller chercher? Serait-il donc vrai que l'homme n'est ici-bas que pour la douleur ? Les sages ne pou-
vaient le croire. Le mot de l'énigme, ils le demandèrent
à une autre vie ; ils ouvrirent le ciel pour s'y réfugier.

Mais Leopardi qui a perdu toute illusion bienfaisante,
qui se débat depuis la jeunesse dans les serres de la
souffrance, hésite devant cette réponse donnée par le
christianisme, par cet âge qui a succédé aux derniers
temps de l'imagination *(ultima età dell'immaginazione)*.
Comme Brutus qui se tue en désespérant, comme Théophraste environné de gloire et d'honneurs, et qui ex-
pire avec une phrase de dédain et le mot|: vanité sur les
lèvres, Leopardi, à son tour, laisse tomber de sa bouche de bronze le redoutable anathême, et s'arrête. Il ne
décide rien entre l'antiquité et la civilisation moderne ; il
pose le problème de la vie humaine et se tait. Un sourire
triste et glacé semble effleurer sa bouche muette. Que
conclure donc ? Que penser de Leopardi ? Il est évident
qu'à l'époque où il écrivait le poème dont nous venons
de parler, il ne croyait plus comme au temps où il com-
posait l'*Essai sur les erreurs populaires des anciens.*
On devrait même ajouter qu'il s'affermit de plus en plus
dans cette voie. Mais que ses souffrances physiques, que
cette dure destinée qui fut son partage, n'aient été
pour rien dans le calme désespoir où il s'enferma pour
mourir, c'est ce qu'il est impossible d'admettre, bien
qu'il ait prévu l'objection et qu'il se soit hâté d'y répon-
dre. N'appuyons pas là-dessus ; ne cherchons pas à per-
cer les mystérieuses profondeurs de cette âme lasse de la
vie, et qui, privée de tous les biens de ce monde, avait
chanté avec un effrayant emportement l'*Amour* et la
Mort.

Les poésies que Leopardi publia à la suite de ces poèmes si graves et qui forment aujourd'hui le recueil définitif de ses *Canti*, nous paraissent remarquables sur-

tout en ceci qu'elles montrent son talent sous un aspect inattendu, et qu'elles ont inauguré et, comme naturalisé en Italie un nouveau genre. Ce sont des scènes de chaque jour, des paysages d'une touche fine et d'une couleur exquise, que l'habile peintre met sous les yeux. Presque toujours un trait imprévu vient animer le tableau. Dans les premiers poèmes, cités précédemment, c'est l'âme héroïque qui se plaint et pousse un cri. Foscolo, Alfieri, Parini et d'autres encore pourraient, au besoin, lui avoir donné le ton. Ici c'est autre chose, et l'on ne trouve rien dans la poésie italienne qui ait pu servir de modèle. Ce qui distingue ensuite, au point de vue de l'art, ces études si complètes malgré leur brièveté ordinaire, c'est la perfection, l'étonnante correction, la sobriété des images, la sévérité avec laquelle, tout au contraire des coloristes prodigues des trésors de leur palette, il se refuse toute parure inutile. Comme dans les chefs-d'œuvre de la sculpture grecque, la pensée du poète est nue et belle de sa propre beauté. *Omni ornatu detracto*, disait l'orateur Romain. Leopardi s'en est souvenu. Ses poèmes sont autant de petits chefs-d'œuvre, et sont par conséquent fort difficiles à traduire. *Le repos après la tempête* est un tableau plein de vie et de fraîcheur. La tempête vient de finir ; on entend encore gronder le tonnerre dans le lointain. Les oiseaux secouent leurs ailes mouillées. Voilà un coin du ciel bleu qui se montre. Chacun s'était enfermé dans sa demeure pour éviter la pluie, les portes et les balcons s'ouvrent. L'ouvrier vient sur le seuil et regarde le ciel. Le soleil enfin apparaît et fait briller comme des perles divines les gouttes de pluie dont les feuilles des arbres sont chargées. Les mulets, agitant leurs sonnettes de cuivre, gravissent la rue escarpée. Le voyageur reprend son chemin.

C'est, comme on le voit, une douce idylle ; grace exquise et heureux choix de charmants détails. Dans les deux pièces suivantes, dont nous essaierons de rendre le mouvement, la mélancolie est pleine de charmes :

L'INFINI.

E il naufragar m'è dolce in questo mare.

J'aime depuis longtemps cette verte colline,
Cette haie au sommet, dont la fraîche aubépine ,
Encensoir parfumé dans la chaude saison,
Me cache la moitié du lointain horizon.
Assis là, je regarde, et j'écoute, et je pense
Aux espaces sans fin, au souverain silence,
A ce calme profond qui nous berce, — et mon cœur
S'emplit, tout en rêvant, d'une vague terreur.
Puis, pendant que le vent siffle à travers les chênes,
— Et l'on dirait de loin comme des voix humaines,—
Au silence éternel je compare sa voix.
Je songe au temps présent, à celui d'autrefois,
Au bruit qu'il rend. Le flot toujours monte et m'inonde.
Et le naufrage est doux sur cette mer profonde.

A LA LUNE.

O graziosa luna, io mi rammento ..

Ce souvenir encor me réchauffe à sa flamme ;
Bel astre, l'an dernier, le désespoir dans l'ame,

Tu me voyais monter le côteau lentement,

Et là, seul, j'admirais ton front pur et charmant.

Sur la sombre forêt, ô lune, suspendue,

De rayons argentés perçant son étendue,

Tu souriais : songeant à mes jours envolés,

Moi je tournais vers toi mes yeux de pleurs gonflés.

Car ma vie était rude, hélas ! et l'est encore,

Le temps n'a pas guéri le mal qui me dévore,

Et cependant j'éprouve un étrange bonheur

A rappeler ainsi l'âge de ma douleur.

Oh ! combien il est doux dans la verte jeunesse,

Quand nous rit l'espérance, ardente enchanteresse,

De retourner rêveur aux choses d'autrefois,

Bien que des maux passés on sente encor le poids.

La seconde de ces pièces figurait dans les premières éditions sous ce titre : *La Ricordanza*. Leopardi, à chaque réimpression, retouchait ses poèmes, y apportait toujours quelque changement heureux. Ainsi, en publiant les *Canti*, il supprima l'élégie de 1817, *Dove son, Dove fui ?* que nous avons mentionnée, et publiée aujourd'hui dans le troisième volume des *Studi filologici*. Il n'en conserva qu'un fragment, qui forme la *Canzone* trente-huitième. Exemple salutaire donné par ce poète si pur et si vraiment épris de l'art.

Il y a entre ces poésies et les précédentes, la différence d'une toile du Guaspre Poussin à ces grandes études suspendues aux murailles des galeries romaines. D'un côté plus de grandiose, de l'autre plus de vérité ; des deux côtés une pureté irréprochable. Nous terminerons par la traduction de l'un de ces petits poèmes pris au hasard.

LE SAMEDI.

La tua festa
Ch'anco tardi a venir non ti sia grave.

Du soleil qui se couche un dernier rayon brille ;
La nuit descend du ciel. La svelte jeune fille,
Sa gerbe sur la tête, et des fleurs à la main,
Monte par le sentier, en songeant à demain.
Demain, jour de bonheur et de fête, où l'on ose
A son rouge corset attacher une rose.
Une vieille est là-bas au seuil de sa maison,
Son rouet devant elle ; et déjà l'horizon
Plus obscur, se remplit de formes indécises.
Près de l'humble demeure, autour, en cercle assises,
Les voisines sont là qui filent ; et l'on rit,
— O temps heureux et cher, où revient notre esprit ! —
Et l'on parle du temps où, vive et toujours prête,
Des rubans aux cheveux elle allait à la fête,
Et dansait vers le soir, sous le ciel étoilé,
Parmi les compagnons de cet âge envolé.
La nuit descend toujours plus rapide, et les ombres
Tournent autour des toits et des collines sombres
Que la lune nouvelle argente d'un côté.
La cloche retentit; paix et sérénité,
Vous inondez le cœur. — Au milieu de la rue,
Une troupe d'enfants, à tout instant accrue,
S'agite ; et vifs ébats, et danse et gais propos.
Le laboureur, songeant à son jour de repos,
Passe en sifflant; puis, rien ; ni rayon, ni murmure.
Au milieu du silence où s'endort la nature,
Que la nuit enveloppe ainsi que d'un manteau,
Du discret ouvrier on entend le marteau.

Il s'empresse, aux lueurs de sa lampe tremblante ,
Pour finir son travail avant l'aube naissante.
Ce jour, parmi les sept, est le plus doux. L'espoir
L'accompagne. Demain, lorsque viendra le soir,
Les querelles naîtront ; et chacun, en pensée,
Reprendra, lourd fardeau, sa tâche commencée.
Ta jeunesse est en fleurs, ô jeune et noble enfant!
C'est la belle saison ; sois gai, sois triomphant !
Par un jour calme et pur va commencer ta vie;
A la fête, au bonheur, le destin te convie.
Je me tais ; va, poursuis : mais crains que ce bonheur,
Si lent à se montrer, n'enferme la douleur.

On pourrait encore citer plusieurs morceaux remarquables : *La vita solitaria* ; cette douloureuse plainte intitulée : *A se Stesso;* *l'Amour et la Mort*, où le poète las
de souffrir, et qui, à vingt ans, s'était écrié déjà :

Non avro pace al mondo insin ch'io mora,
. . . .
O cielo, o cielo io ti domando aita.

Regarde la tombe avec une joie cruelle et comme son
seul refuge. Enfin, *la Ginestra*, pièce d'un éclat extraordinaire, écrite aux pieds du Vésuve, — *del formidabil
monte,* — dans sa dernière retraite. Chant merveilleux
de ce cygne qui ployait ses ailes pour mourir.

Tout en recherchant les vives émotions de la poésie,
Leopardi n'oubliait pas ses études philologiques. Le savant et le poète se confondaient en lui. Il publia, à la
suite de ses poèmes, des notes consciencieuses, où le
commentateur de Moschus se traitait lui-même comme
un ancien. On surprend ainsi l'artiste dans son atelier, et

on peut se rendre compte du soin avec lequel il retouchait
ce que l'ardeur de la composition avait pu lui arracher
de défectueux.

En 1827, à Milan, Leopardi avait publié pour la première fois ses *Operette morali*. Une vingtaine de dialogues dans la forme ancienne, où l'on remarquait une
grande finesse d'aperçus , composaient ce volume. Il le
compléta en 1834 par l'adjonction de deux autres morceaux du même genre.

Le dialogue de Ruysch, le célèbre anatomiste, avec ses
momies, ressemble à un conte fantastique du terrible
Hoffman. Le poète y laisse sa fantaisie s'égarer en mille
détours. Sous une forme légère, on reconnait l'empreinte
de cet esprit éminent. Dans le dialogue entre Plotin et
Porphyre , auquel ont donné lieu quelques lignes de
la vie de Porphyre, la question du suicide se trouve
abordée sérieusement. Ce morceau est curieux , en ce
que les idées de mort volontaire qui, à plusieurs reprises
ont tourmenté Leopardi, sont longuement discutées. Plotin, après avoir analysé toutes les raisons pour et contre.
termine en suppliant Porphyre, au nom de leur ancienne
amitié, d'abandonner un aussi funeste projet.

— « La vie, lui dit-il, me semble si peu de chose ,
« qu'elle ne vaut guère la peine qu'on se soucie beaucoup,
« ou de la retenir lorsqu'elle est au moment de vous
« échapper, ou de s'en débarrasser violemment. Ne cause
« pas une semblable douleur à tes amis qui t'aiment de
« toute leur âme. Vivons, mon cher Porphyre, et encou-
« rageons-nous mutuellement. Ne refusons pas de por-
« ter la part des maux de la vie assignée par le destin.
« Aidons-nous et donnons-nous la main, pour accom-

« plir le mieux possible notre course, qui, cela est cer-
« tain, sera courte. » Le dialogue *sur la gloire* est d'une
haute éloquence, et développe cette parole dédaigneuse
tombée des lèvres de Théophraste.

Mais passons rapidement sur cette partie des œuvres
de Leopardi, pour en arriver aux *pensées* qui jetées çà et
là, selon l'inspiration du moment, viennent enfin d'être
réunies, et dont on n'a pu encore apprécier la valeur.

Il y a, dans le petit volume des *Pensées*, un grand
nombre de traits qui indiquent combien ce rêveur solitaire, ce philosophe morose, savait la vie et les hommes. Une amertume contenue se découvre au fond de
la plupart de ces réflexions, comme la lie dans la coupe.
Ainsi dans les quelques lignes suivantes :

— « La mort n'est pas un mal, parce qu'elle délivre
l'homme de tous les maux et lui enlève, en même temps
que ses biens, ses désirs. La vieillesse est le plus grand
malheur, parce qu'elle prive l'homme de tous les plai-
sirs, en lui laissant l'envie de les goûter, et porte toutes les douleurs avec elle. Cependant les hommes crai-
gnent la mort et désirent la vieillesse. » Ne reconnait-
on pas là l'accent de ce *pâle amant de la mort,* comme
on l'a nommé ? — « Le plus sûr moyen de cacher aux
autres les bornes de son savoir, c'est de ne les dépasser
jamais. » Phrase écrite sans doute au sortir de quelque
académie.

— « Celui qui communique peu avec les hommes est
« rarement misanthrope. Les vrais misanthropes ne se
« trouvent pas dans la solitude, mais dans le monde ;
« parceque c'est l'usage de la vie et non la philosophie
« qui fait prendre les hommes en haine. Si un homme

« bâti de la sorte se retire de la société, il perd dans la
« retraite sa misanthropie.»

Remarque très vraie. Évidemment Alceste, (et à qui de
nous cette pensée n'est-elle pas venue au sortir du théâtre,) a dû regretter bien des fois Célimène; peut-être,
l'année suivante, parfaitement guéri, est-il venu repren-
dre ses chaînes. Le monde use et fatigue; la solitude
apaise, et donne envie de recommencer la lutte inter-
rompue.

« Il est curieux de remarquer que tous les hommes
« qui valent beaucoup ont les manières simples ; cepen-
« dant presque toujours, les manières simples sont re-
« gardées comme une marque de peu de valeur. »

Cela est ainsi, parce que dans le monde, où l'on n'a
pas le loisir d'étudier les individus, on s'arrête à l'épi-
derme sans pénétrer plus avant.

— « Celui qui voyage beaucoup a cet avantage sur les
« autres, que les sujets de ses souvenirs deviennent fa-
« cilement éloignés. Ils obtiennent ainsi ce vague poéti-
« tique que le temps seul peut donner aux souvenirs des
« autres. » Leopardi connaissait le charme du lointain
dans les souvenirs. Les deux bords de la route, vus à
travers le voile qu'étendent les années, ont je ne sais
quel prestige mystérieux que le moment présent leur enlève. Dans les lignes qui suivent, on voit combien Leopardi faisait bon marché de la gloire, et à quelles justes
proportions cet esprit si clairvoyant réduisait les espérances ambitieuses des hommes :

— Beaucoup de gens qui se croient hautement esti-
« més dans la société, n'obtiennent de la réputation
« qu'auprès d'une certaine classe de personnes à la-

« quelle ils appartiennent. L'homme de lettres qui se
« croit illustre et applaudi par tout l'univers, est négligé
« ou méprisé toutes les fois qu'il se trouve mêlé à des
« personnes frivoles, espèce nombreuse qui couvre les
« trois quarts du globe. Le jeune homme, recherché des
« femmes, reste perdu dans une société s'occupant d'af-
« faires. Je conclus : A bien dire, l'homme ne peut es-
« pérer, et ne doit pas raisonnablement vouloir obtenir
« l'assentiment, comme on dit, de la société, mais seule-
« ment d'un petit nombre de personnes. Quant aux au-
« tres, il doit se contenter, ou d'en être ignoré, ou d'en
« être plus ou moins méprisé. C'est là le sort inévitable
« et de tous. »

On pourrait beaucoup traduire, en prenant même au
hasard dans ce journal du poète, mais il faut se res-
treindre.

— « Envers les grands hommes, dit-il un peu plus
» loin, envers ceux surtout en qui resplendit une viri-
« lité extraordinaire, le monde ressemble aux femmes.
« Il n'admire pas seulement ces hommes, il les aime. Il
« s'éprend de leur force. Souvent l'amour que la foule
« sent pour eux est en proportion du mépris qu'ils lui
« montrent, des mauvais traitements qu'ils lui font
« subir, de la terreur qu'ils lui inspirent. »

Leopardi cite ici l'exemple de Napoléon, et il ajoute :
— « Ainsi de grands capitaines qui se sont servis de la
« sorte des hommes, furent adorés de leurs soldats pen-
« dant leur vie, et l'histoire est pleine de leur nom. On
« peut donc dire qu'on aime à trouver en eux cette sorte
« de brutalité qui ne déplaît pas aux femmes dans ceux
« qu'elles préfèrent. »

Quelle vérité dans ces quelques paroles si humiliantes pour nous ! quel dédain pour cette pauvre humanité qui prête son dos, et consent à se courber sous le poids du grand homme, à condition qu'il l'éblouira. Nous descendons d'une race d'esclaves, et nous nous soumettons sans peine à toutes les supériorités. Ce lâche amour pour la force doit s'affaiblir avec les progrès de l'intelligence dans les masses, mais les siècles seuls dans leur marche lente peuvent repétrir le cœur de la société.

Un peu plus loin le ton change ; on croirait voyager en compagnie de Sterne, le railleur. Nous ne connaissons rien de plus amusant et de plus mordant que cette boutade contre les auteurs qui, semblables à Oronte, veulent avoir votre avis sur leur sonnet. Encore si le sonnet n'avait pas quelquefois les dimensions d'une tragédie ou d'un poème épique ! Le morceau est écrit de verve ; en Italie comme chez nous, il devait aller à l'adresse de plusieurs. Nous nous bornerons à en citer des fragments :

— « Si j'avais le génie de Cervantes, je ferais un livre
« pour débarrasser l'Italie et le monde d'un vice qui, à
« considérer la mansuétude de nos mœurs, n'est ni
« moins cruel, ni moins barbare que ceux du moyen-
« âge, fustigés impitoyablement par l'ironie du conteur
« espagnol. Je parle de ce vice déplorable qui consiste à
« lire ou à réciter à autrui ses ouvrages. Il est très an-
« cien, il est vrai ; mais dans les siècles qui nous ont
« précédés, il était rare, c'était partant un mal toléra-
« ble. Mais aujourd'hui que chacun écrit sans relâche,
« et que la difficulté est de trouver quelqu'un qui ne soit
« pas auteur, le vice est devenu un fléau, une calamité
« publique ; c'est le désespoir de la vie humaine. Par lui,

« nos connaissances nous deviennent suspectes, nos
« amitiés dangereuses. La chose en est arrivée à un tel
« point, que quelques-uns de mes amis, convaincus que
« réciter ses œuvres est un des besoins de la nature hu-
« maine, ont songé à y pourvoir et à le faire tourner ,
« comme tous les besoins publics, à leur utilité particu-
« lière. A cet effet, ils ont fondé une école ou académie
« d'audition, où, à toute heure du jour ou de la nuit, des
« personnes payées écouteront, pour des prix réglés
« d'avance, tous ceux qui voudront lire. Le tarif, pour
« la prose, est d'un écu pour la première heure, de deux
« écus pour la seconde, de quatre pour la troisième, et
« ainsi de suite en progression continue. Pour la poésie
« le précédent tarif est doublé. Pour chaque passage déjà
« lu, que l'auteur voudra relire, cela s'est vu, une livre
« le vers. Si l'auditeur vient à s'endormir, on remettra
« au lecteur le tiers du prix convenu. »

Cette veine railleuse existe, au reste, assez développée
chez Leopardi, et on peut facilement la suivre. Il écrivit
en 1817, et publia seulement en 1826, des sonnets saty-
riques. Quelques lignes seulement en tête expliquaient
leur composition ; on y disait : « Ces sonnets furent com-
« posés à la suite d'une lettre écrite par un auteur ro-
« main qui , en répondant à quelques critiques faites
« sur son livre dans un journal, s'était servi de termes
« injurieux contre deux célèbres poètes encore vivants. »
Le livre était de Guglielmo Manzi, bibliothécaire à Rome :
l'auteur des critiques était Pietro Giordani qui les avait
insérées dans la *Bibliothèque italienne*. Manzi se croyant
blessé avait répondu grossièrement, attaquant en même
temps Monti que, sans doute, il soupçonnait aussi. Leo-

pardi avait répondu à son tour ; on reconnut le person-
nage qui se sentit battu, et garda le silence.

Nous en avons assez dit pour faire comprendre l'intérêt
du recueil des *Pensées*. Tous les sujets y sont abordés et
touchés avec finesse. Il ne reste plus maintenant, pour
achever de connaître Leopardi, qu'à feuilleter quelques-
unes de ses lettres, réunies et publiées enfin en assez
grand nombre , à la suite des *Studi Giovanili*, par
MM. Pietro Pellegrini et Pietro Giordani. C'est là qu'on
le retrouve tout entier, qu'on surprend sans voile cette
ame charmante, comme disait le philosophe Diderot.(1)

Il paraîtrait que la publication de ce volume des *Studi
Giovanili*, et surtout des lettres, a excité quelque émo-
tion. Des amis de Leopardi (et parmi eux M. Louis de Sinner), ont regretté qu'on mît au jour tous ces travaux que,
selon eux , il avait voulu laisser dans l'ombre et dans
l'oubli. Quelques-uns de ceux à qui les lettres étaient
adressées, se plaignirent de les voir exposées à tous les
yeux. Des reproches, même assez vifs, se firent entendre. Ces scrupules, qu'on est bien éloigné d'avoir aujourd'hui en Angleterre et en France , que peut-être (on
a pu le voir en ces derniers temps) on oublie trop, nous
semblent, dans le cas présent, tout au moins exagérés.
Nous sommes loin de faire un crime aux éditeurs de leurs
pieuses et pénibles recherches, et d'avoir voulu partager
avec le public ce legs littéraire que leur avait fait Leo-

___

(1) En Italie où les écrivains célèbres ont laissé en général peu de
traces de leur vie intérieure, où des Mémoires pleins d'abandon, de
familiarité et d'esprit facile, comme ceux de madame de Sévigné ,
n'existent pas , ce recueil a vraiment son prix.

pardi. Nous serions bien plutôt disposé à les en remer-
cier.

Nous avons entre les mains un numéro récent d'un
journal de Parme, *Il Facchino* (17 septembre 1845), où
M. Pellegrini, répondant à quelques critiques sévères
que lui adressait Pietro Brighenti, se justifie, dans une
lettre à Prospero Viani, d'avoir tenté cette publication.
Il remarque, et avec raison, que ces lettres ne peuvent
que faire mieux apprécier le cœur excellent de l'illustre
poète. Si les douleurs physiques qu'il endure, si sa mélancolie naturelle le poussent quelquefois jusqu'au désespoir; s'il semble, par moments, fuir et avoir en hor-
reur son pauvre bourg si ignoré de Recanati, le moindre
appel des siens le fait accourir. Dans une lettre qu'il
adresse de Florence à Mme Antonietta Tommasini, il
écrit ceci: « J'ai perdu un frère tout jeune ; ma famille
désolée n'attend d'autres consolations que mon retour.
Je serais honteux de vivre si, à moins d'en être abso-
lument empêché, je n'allais mêler mes larmes aux larmes de ceux qui me sont chers. C'est la seule consolation
qui me reste. »

M. Pellegrini ajoute : « Le poète qui chante ses dou-
« leurs, s'il a le souffle puissant, peut faire pleurer : mais
« il réussit rarement à se faire plaindre. L'art de l'écri-
« vain voile la condition de l'homme. Mais lorsque je me
« suis convaincu de sa tristesse, que j'ai appris sa vie
« dans ses lettres si simples et si vraies, si je disais d'a-
« bord : quel grand poète c'était là ! je dis maintenant :
« combien il était malheureux ! »

Les travaux de Leopardi jeune encore et presque sur
les bancs de l'école, (et quel écolier que celui dont Maï et

Creuzer avouaient le secours, et à qui Niebhur offrait une chaire de philosophie grecque au nom de la savante Allemagne), ces travaux, disons-nous, sont loin de justifier les craintes de quelques amis. Ils nous semblent, au contraire, d'une véritable importance, en ce qu'ils permettent de suivre la marche de ce grand penseur. Les éditeurs sont bien justifiés (1).

Nous avons mentionné la correspondance de Leopardi; ses lettres sont courtes pour la plupart. Ses souffrances l'empêchaient de se livrer à un trop long travail. Toute sa vie, si peu accidentée, s'y reflète. De temps à autre un sourire, le plus souvent une larme, toujours un mot sorti du cœur. Un livre qu'il fait paraître, un instant de répit dans son mal, ce sont là pour lui de grands évènements. Ce sont les dates importantes.

En 1826, il écrit de Bologne à Guiseppe Melchiori, au moment de la publication de sa prétendue légende des martyrs du Mont-Sinaï : — « Le Trécentiste du XIX⁰ siè-

---

(1) Qu'on nous permette quelques mots sur MM. Giordani et Pellegrini. Le travail si complet qu'ils viennent de donner sur Leopardi n'est pas leur seul titre à l'attention de la critique. J'ai entre les mains quelques écrits de M. Pellegrini, pleins de verve et sérieusement pensés. Quant à M. Pietro Giordani, on publie en ce moment à Florence, dans cet élégant format adopté par M. Lemonnier, ses œuvres complètes. Elles se composeront de trois volumes, et sont dignes d'une consciencieuse analyse. — « L'Italie, nous écrivait l'autre jour « M. Giordani, est coupable en partie de sa misère, mais ne mérite « pas les dédains superbes et cruels dont l'accablent d'autres nations « plus heureuses. » Espérons qu'un jour, soutenue par ses poètes contemporains, elle se relèvera de ce trop long abattement. Aujourd'hui, surtout, on a droit de s'attendre à un éclatant réveil.

« cle est déjà imprimé, et à Milan on n'a conçu aucun
« soupçon. On publiera, je pense, une édition de mes
« poèmes en même temps que de mes autres œuvres ; je
« ne te dirai rien de mes travaux ; le froid rigoureux me
« tue. »

Leopardi était très frileux ; son mal en était cause.
Quelques personnes qui l'ont connu pendant l'hiver qu'il
passa à Bologne, assurent que, pour éviter le froid, il se
plongeait jusqu'aux épaules dans un sac de plumes. Il
restait ainsi plusieurs heures à travailler, et recevait
ceux qui venaient le visiter.

Quelle tristesse, quels élans de tendresse, dans ces
quelques lignes envoyées de Recanati à un ancien ami,
M. Puccinotti ! — « Que fais-tu maintenant ? qu'écris-tu ?
je sais que ta réputation grandit et devient chaque jour
plus en rapport avec ton mérite. J'en ressens un plaisir
aussi vif que si cela me regardait moi-même. Trouve
donc un moment pour venir ; qu'enfin, au bout de six
mois, j'entende la voix d'un homme et d'un ami ! Je ne
sais si tu me reconnaîtras ; je ne me reconnais pas moi-
même. Je ne suis plus moi. Ma mauvaise santé et la tristesse de cet affreux endroit ont avancé ma mort. Pourtant j'ai encore assez de force pour t'aimer et te désirer
toujours. » Dans une lettre précédente, il dit en parlant
de Recanati : — « *Questa città, dove non so se gli uo-
mini sieno più asini, o più birbanti. So bene che tutti
son l'uno e l'altro.* » Il y a là de l'exagération ; mais
quelle prison paraîtrait belle au captif qui voit le monde
ouvert devant lui !

Ses lettres à Mme Antonietta Tommasini et à Mme Adélaïde Maestri renferment mille détails sur son modeste intérieur; il y a çà et là de bien tristes passages. On se désole de voir ce noble cœur aux prises avec la pauvreté. Toujours la gêne; *res angusta domi*. Quelques plaintes lui échappent de temps en temps; elles tombent de ses lèvres avec un triste sourire. En quittant Recanati au printemps de 1830, il écrivait :

— Je pars demain pour Florence ; je passerai par Bologne. Combien je serais heureux de vous voir ! hélas! *mes trop faibles ressources* s'opposent à ce que je fasse un détour jusqu'à Parme ; mais si vous pouviez pousser (*fare una trottata*), jusqu'à Bologne, Dieu seul sait quelle consolation ce serait pour moi.

Dans une autre lettre à Madame Adélaïde Maestri (Recanati, juillet 1829), nous trouvons ces deux phrases douloureuses :

— Ma santé est toujours assez mauvaise, mais ne vous en inquiétez pas autrement. Mon mal n'est pas mortel ; ce n'est pas une de ces maladies qui peuvent donner l'*Espérance* d'en finir vite. Seulement cela a pris de telles proportions, que je ne puis supporter aucun travail, ni goûter aucun repos soit le jour soit la nuit. Mon esprit est toujours très calme ; en effet, je n'ai rien à perdre, rien à gagner. Que de choses je voudrais vous dire! mais en deux jours je n'ai pu tracer que ces quelques lignes. Je vous recommande surtout votre santé et... le plaisir. »

Après avoir fermé ces lettres, on reste dans un profond étonnement en songeant au courage prodigieux qu'il a fallu à Leopardi pour achever tant de travaux, harcelé comme il l'était par la douleur.

Nous l'avons laissé à Florence en 1831. La maladie

continuait à faire de rapides progrès. Sentant la vie lui manquer, il dut, pour conquérir quelques années de plus, s'il en était temps encore, s'arracher des bras de ses amis, et retourner à Rome. On le vit de nouveau, mais cette fois courbé comme un vieillard, et à peine animé par un souffle d'existence, se promener, semblable à une ombre inquiète, au milieu des ruines romaines ; la santé parut lui revenir. Leopardi, à qui la solitude était bien lourde, ne put résister au désir de revoir Florence. Les douleurs habituelles avaient presque cessé ; il se sentait revivre. L'homme a tant besoin de croire au bonheur ; il s'y abandonna. Mais bientôt la réalité inexorable l'avertit de sa folle erreur. Il n'y a pas à reculer, il faut quitter Florence, s'éloigner à la hâte, marcher vers la terre du soleil ; la médecine impuissante n'a plus qu'un conseil à donner. Miné par la fièvre, il prend la route de Perugia, s'y achemine lentement, et arrive à Naples au commencement de l'hiver.

L'air si pur du golfe, ce ciel aux teintes chaudes, ces haleines si pénétrantes ranimèrent ses forces épuisées.

Il visita tous les lieux célèbres : Mergellina et Pouzzoles que l'*aria cattiva* dépeuple, mais que Virgile a faits immortels, et qui sont devenus le pélerinage sacré de la poésie. A Herculanum, à Pompeï surtout, il put, encore mieux qu'à Rome, converser pour ainsi dire avec les anciens, et se persuader qu'il était un des leurs. Puis, sortant de ces villes muettes, il retrouvait à Naples, *largo di castello*, le bruit et l'ardeur de la vie. Pour quelques instants, au milieu de ces rires et de ces cris assourdissants, mêlé à cette foule insouciante, il pouvait oublier que Dieu l'avait condamné, et que l'heure de son sursis

allait expirer. Comme à Florence, une demi-guérison le
fit de nouveau espérer dans l'avenir. Dans ces deux petites maisons qu'il habitait alternativement, soit aux pieds
du Vésuve, soit à Capo-di-Monte, et où les savants étrangers venaient le consulter, il dut croire que le sort
avait enfin cessé de le poursuivre, et que le bonheur, cet
hôte si longtemps appelé, allait enfin se montrer.

C'est alors qu'un bruit terrible (août 1836) vint fondre
sur Naples. Le choléra parcourait l'Europe, moissonnant
sans pitié sur son passage. Il était aux portes de la ville
rieuse et folle; la terreur était au comble. Leopardi cou-
rut s'enfermer dans son humble ermitage, et ne consen-
tit à revenir habiter les côteaux salubres de Capo-di-Monte
qu'au commencement de 1837. Les symptômes d'une hy-
dropisie arrivée au dernier degré se faisaient remarquer
en lui; les médecins n'espéraient plus. L'imagination de
Leopardi était frappée; en apprenant que le fléau sévis-
sait avec une nouvelle force, il crut voir la mort s'asseoir
à son chevet. Il ne se trompait pas. Le 14 de juin, in-
quiet, en proie à une agitation extraordinaire, il voulut
partir pour sa petite maison isolée; une voiture l'attendait à la porte : or, comme on préparait tout pour le
voyage, à la chute du jour, il expira le sourire sur les lèvres. Ce fut avec beaucoup de peine qu'on parvint à sau-
ver le corps du poète que les réglements d'une police
frappée de terreur condamnaient à la sépulture com-
mune, comme atteint, disait-on, par la contagion. Antonio Ranieri, que l'amitié unissait à Leopardi par des
liens indissolubles, et dont le nom sera désormais inséparable du sien, emporta le cadavre et l'enterra dans la
modeste église, aux bords du golfe. Virgile, au sommet

de la colline, put lui sourire et lui jeter ce mélancolique salut qu'il échangeait avec Dante au début du mystérieux pélerinage.

A en juger par le masque conservé par Ranieri, la tête de Leopardi était forte. Les pommettes sont saillantes, le front est large, le regard doux et triste, le nez long et recourbé. Leopardi était petit, la pâleur de son visage indiquait le déplorable état de sa santé Cœur énergique, homme aux convictions profondes, doué d'une merveilleuse intelligence, il eût sans doute pris place parmi les hommes d'action de son siècle, si les douleurs continuelles qu'il endura toute sa vie n'eussent paralysé sa volonté. Confiant et généreux, il éprouva de ces cruels mécomptes qui jettent comme un voile funèbre sur l'esprit. A deux reprises différentes, —et on en trouve la trace dans son livre, —il aima, mais sans trouver un cœur qui répondît aux nobles ardeurs du sien. Il mourut, mais sans avoir connu l'amour tel que le comprenaient Bion et Moschus. Aussi, dans les vers de Leopardi, l'amour se plaint et pleure tristement ; la joyeuse bacchante n'agite pas son thyrse, et le poète désabusé, las de la vie et appelant la mort à son aide, s'enferme dans un muet désespoir. Cependant, heureuse rencontre ! de ferventes amitiés le soutinrent dans son rude pélerinage et ne lui firent jamais défaut.

Si maintenant on cherche quel rang doit occuper Giacomo Leopardi parmi les poètes contemporains de l'Italie, il faudra, sans hésiter, le placer parmi les premiers. Ses œuvres se distinguent par un fini précieux ; ses vers *sciolti* ont une fermeté remarquable. Il a par moments la vigueur et l'éloquence du poète des *Sepolcri* ; mais son talent est plus souple que celui de Foscolo. L'un n'a qu'une corde à sa lyre, corde d'airain qui rend des sons pleins et austères ; Leopardi est plus varié et plus humain. Il vous entraîne dans les espaces où flotte la pensée, et vous fait parcourir les landes mystérieuses de la rêverie. Pendant qu'une révolution s'accomplissait en Italie, que Manzoni par son étude de Carmagnola, Berchet par ses odes ardentes, Grossi par son poème des Croisés, Pellico par ses généreuses tentatives, remuaient tous les esprits, plus jeune et travaillant à l'écart, il allait puiser ses inspirations à la source immortelle et féconde. Il la faisait jaillir du cœur même du rocher. Plus que ceux qu'on pourrait citer, il est bien le poète du présent, d'une époque agitée, inquiète, tourmentée par de hautes espérances. Sa poésie, pleine d'éclat et de douceur, respire une tristesse indéfinissable. Elle ressemble à ces genêts du Vésuve, — *Odorata ginestra, contenta dei deserti,* — dont les petites fleurs jaunes se détachent, pareilles à des étoiles d'or, sur les laves noires et brûlantes.

FIN.

Moulins, imp. de P.-A. DESROSIERS